BEI GRIN MACHT SICH IHR WISSEN BEZAHLT

- Wir veröffentlichen Ihre Hausarbeit,
  Bachelor- und Masterarbeit

- Ihr eigenes eBook und Buch -
  weltweit in allen wichtigen Shops

- Verdienen Sie an jedem Verkauf

Jetzt bei www.GRIN.com hochladen und kostenlos publizieren

Bibliografische Information der Deutschen Nationalbibliothek:

Die Deutsche Bibliothek verzeichnet diese Publikation in der Deutschen National-bibliografie; detaillierte bibliografische Daten sind im Internet über http://dnb.d-nb.de/ abrufbar.

Impressum:

Copyright © 2015 GRIN Verlag
Druck und Bindung: Books on Demand GmbH, Norderstedt Germany
ISBN: 9783668886445

Dieses Buch bei GRIN:

https://www.grin.com/document/456942

Marina Fillbrandt

Trainingsplanung für eine Studentin. Diagnose, Zielsetzung/Prognose, Makro- und Mesozyklus

GRIN Verlag

GRIN - Your knowledge has value

Der GRIN Verlag publiziert seit 1998 wissenschaftliche Arbeiten von Studenten, Hochschullehrern und anderen Akademikern als eBook und gedrucktes Buch. Die Verlagswebsite www.grin.com ist die ideale Plattform zur Veröffentlichung von Hausarbeiten, Abschlussarbeiten, wissenschaftlichen Aufsätzen, Dissertationen und Fachbüchern.

Besuchen Sie uns im Internet:

http://www.grin.com/

http://www.facebook.com/grincom

http://www.twitter.com/grin_com

Deutsche Hochschule für
Prävention und Gesundheitsmanagement
Hermann Neuberger Sportschule 3
66123 Saarbrücken

Einsendeaufgabe

Fachmodul: Trainingslehre I

Studiengang: Fitnessökonomie

**Datum
Präsenzphase:** 07.-10.03.2016

Name, Vorname: Fillbrandt, Marina

Studienort: Stuttgart

Semester: WS 2015

Inhaltsverzeichnis

1. Diagnose

1.1 Allgemeine und biometrische Daten

Tab. 1: Erhebung allgemeiner und biometrischer Daten

Alter	21 Jahre
Geschlecht	weiblich
Körpergröße	1,79 m
Gewicht	70 kg
Körperfettanteil (Kfa)	27% (= 18,9 kg Fett)
Trainingsmotive	Kraftzuwachs, Schmerzminderung und Muskeldefinition
Berufliche Tätigkeit	Studentin
Aktuelle sportliche Aktivitäten	Seit 2 Jahren: Krafttraining im Fitnessstudio, eher unregelmäßig (1-2 Trainings pro Woche), ohne genaue Zielsetzung und -planung, jedoch sichere Übungsausführung.
Frühere sportliche Aktivitäten	Im Alter von 12 – 18: Leistungssportlerin im Bereich Rettungsschwimmen (5 Trainings pro Woche).
Zeitlicher Verfügungsrahmen	Bis zu 4 Trainings pro Woche
Blutdruck	115/76 mmHg
Allgemeiner Gesundheitszustand	Sehr gut, keine Medikamenteneinnahme oder Einschränkungen, die Person leidet jedoch gelegentlich an leichten Rückenschmerzen, vor allem nach langer sitzender Tätigkeit: auf einer Skala von 1 (sehr leichte Schmerzen) bis 10 (stärkste vorstellbare Schmerzen) bewertet sie diese als 3.

Die oben dargestellten Daten lassen auf eine gute Trainierbarkeit der Person schließen. Durch den optimalen Gesundheitszustand ohne Einschränkungen und den ausreichenden zeitlichen Verfügungsrahmen ist auch eine ambitionierte Zielsetzung realistisch. Des Weiteren zeigt ihre sportliche Vergangenheit ein gutes Maß an Ehrgeiz und Belastbarkeit im Hinblick auf psychische Faktoren, welche das Training beeinflussen. Neben bewegungsbeeinträchtigenden Faktoren ist der Blutdruck eine Gefahrenquelle im Krafttraining. Die Bewertung erfolgt gemäß der American Heart Association und stellt folglich keine Einschränkung dar (vgl. Tab. 2).

Tab. 2: Blutdruckklassifikation der American Heart Association, modifiziert nach Mancia et al. (2013, S. 1286)

Bewertungsstufen	systolischer Blutdruck	diastolischer Blutdruck
Normblutdruck		
optimal	<120 mmHg	<80 mmHg
normal	<130 mmHg	<85 mmHg
hochnormal	130-139 mmHg	85-89 mmHg
Bluthochdruck (arterielle Hypertonie)		
Stufe 1	140-159 mmHg	90-99 mmHg
Stufe 2	160-179 mmHg	100-109 mmHg
Stufe 3	>180 mmHg	>110 mmHg

Auch der Körperfettanteil der Person liegt im Normalbereich und deutet somit auf einen guten Gesundheitszustand hin (vgl. Tab. 3).

Tab. 3: Körperfettanteilklassifikation bei Frauen nach Gallagher et al. (2000, S. 694-701)

Alter in Jahren	niedrig	normal	hoch	sehr hoch
20-39	<21%	21-33%	33-39%	>39%
40-59	<23%	23-34%	34-40%	>40%
60-79	<24%	24-36%	36-42%	>42%

1.2 Krafttestung

Um die Intensitäten für die Trainingsplanung zu ermitteln, wird ein Mehrwiederholungskrafttest durchgeführt. Dieses Verfahren vermeidet im Gegensatz zur 1RM-Testung Belastungsspitzen für den Bewegungsapparat und somit auch das damit einhergehende Verletzungsrisiko und ist weniger anfällig für Störfaktoren wie zum Beispiel koordinative Einflüsse (Buskies & Boeckh-Behrens, 2000, S. 66). Die Trainingsplanung auf Basis des subjektiven Belastungsempfinden wird von Experten oft für die ungenaue Messbarkeit kritisiert (Gutenbrunner, 1990) und wird deswegen für die Krafttestung der Person ausgeschlossen.

Die Testung erfolgt nach dem Ablaufschema von Zimmer (1999) für alle Übungen, welche im Trainingsplan vorgesehen sind. Vor der Testung erfolgt das allgemeine und spezielle Aufwärmen. Nach der Durchführung des 1. Testsatzes mit entsprechenden Gewichtslasten und geforderter Wiederholungszahl wird bei Bedarf die Gewichtslast nach subjektivem Empfinden um 5%, 10% oder 25% erhöht. Nach einer Pause von 3

Minuten wird der 2. Testsatz durchgeführt. Sollte auch nach diesem die maximale Leistungsfähigkeit nicht erreicht sein, erhöht sich das Gewicht wiederholt entsprechend dem subjektiven Empfinden und nach einer weiteren Pause von 3 Minuten wird der 3. Testsatz durchgeführt. Spätestens nach 3 Testsätzen sollte die maximale Gewichtslast für die geforderte Wiederholungszahl bestimmt sein und für die anschließende Trainingsplanung schriftlich festgehalten werden. Die XRM-Testung wird bei jeder Änderung der Wiederholungszahl im Trainingsplan durchgeführt, um das optimale Trainingsgewicht zu ermitteln.

Tab. 4: Testgewichte und Testendergebnisse aller Testübungen für Mesozyklus I (5-RM-Testung)

Übung	Testsatz 1	Testsatz 2	Testsatz 3	Ergebnis
Langhantelbankdrücken	40kg	45kg	50kg	50kg
Zug vertikal weit zur Brust (OG)	50kg	55kg	60kg	60kg
Fliegende im Stehen am Kabelzug	20kg	22kg	-	22kg
Kurzhantelrudern	13,5kg	15kg	-	15kg
Rumpfbeugen am Kabelzug	30kg	-	-	30kg
Rumpfseitbeugen am Kabelzug	13kg	16kg	17kg	17kg
Langhantelrudern aufrecht	30kg	37,5kg	-	37,5kg
Schulterdrücken an der Maschine	40kg	44kg	-	44kg
Kurzhantelarmbeugen einseitig	10kg	12,5kg	-	12,5kg
Armstrecken Kurzhantel über Kopf	7kg	7,5kg	8kg	8kg
Langhantelkniebeuge	65kg	70kg	-	70kg
Ausfallschritt mit Kurzhanteln	15kg	16,5kg	18kg	18kg jeweils
Beinheben im Stütz	-	-	-	ohne
Hüftabduktion stehend am Kabelzug	12kg	15kg	20kg	20kg
Hüftadduktion stehend am Kabelzug	15kg	20kg	25kg	25kg
Hüftbeugen stehend am Hüftpendel	60kg	-	-	60kg
Beinbeugen liegend	36kg	40kg	-	40kg
Hüftabduktion sitzend an Maschine	40kg	50kg	-	50kg
Hüftadduktion sitzend an Maschine	50kg	55kg	60,5kg	60,5kg
Wadenheben stehend an Multipresse	30kg	-	-	30kg

Die Ergebnisse der X-RM-Testung liefern eine Darstellung des momentanen Trainingszustandes der Person und bilden somit die Grundlage für die weitere Trainingsplanung (Marschall & Fröhlich, 1999). Vor allem für die „Individuelle-Leistungsbild-Methode" (ILB-Methode) lassen sich aus dieser Testung die optimalen Trainingsintensitäten ableiten, es gibt jedoch durchaus auch weitere Ansätze zur Intensitätsbestimmung auf Basis einer X-RM-Testung. Für den interindividuellen Leistungsvergleich eignet sich die Testung aufgrund von Störgrößen nicht, sodass keine Referenzwerte existieren. Bei einer Minimierung dieser Einflussfaktoren und einer exakten Standardisierung der Testung sind die Ergebnisse für den intraindividuellen Leistungsvergleich ein gutes Instrument. Dabei ist darauf zu achten, den Testablauf und die Rahmenbedingungen möglichst genau zu reproduzieren, um vergleichbare Testendergebnisse zu erhalten.

2. Zielsetzung/Prognose

Tab. 5: Zielsetzung

Inhalt	Ausmaß	Zeit
Kraftzuwachs	um 20%	12 Wochen
Schmerzlinderung	auf Stufe 1	30 Wochen
Körperfettreduktion	um 4%	12 Wochen

Die Trainingsmotive der Person beruhen vor allem auf dem Wunsch, Alltagsbelastungen besser standzuhalten. Muskelaufbau und die damit einhergehende Stärkung der Muskulatur unterstützen die Stabilisierung im Körper und schützt gegen von außen wirkende Kräfte. Messbar gemacht wird dieses Ziel anhand von ausgewählten Übungen und der überwundenen Widerstände. Da der Rückenschmerz die größte körperliche Einschränkung der Person darstellt und die empfundene Lebensqualität deutlich mindert, ist die Schmerzlinderung ein weiteres zentrales Ziel. Im kompletten Trainingsverlauf wird die stützende und schützende Funktion der Rückenmuskulatur gefördert und eine Senkung um 2 Stufen auf der Schmerzskala prognostiziert. Auch wenn die Person sich schon im normalen, also unbedenklichen Bereich bezüglich des Körperfettanteils befindet, lohnt sich eine Reduktion aus gesundheitlicher Sicht. Mit steigendem Körperfettanteil erhöht sich auch das Risiko für Zivilisationskrankheiten wie Bluthochdruck oder Diabetes (König, Deibert, Dickhhut, & Berg, 2011). Der Körperfettanteil wird mittels einer Bioelektrischen Impedanzanalyse festgestellt.

3. Trainingsplanung Makrozyklus

Im Sinne der Übersichtlichkeit werden folgende Begriffe abgekürzt:

- Hypertrophie (Ht), Maximalkraft (Mk), Kraftausdauer (Ka)
- Ganzkörper (Gk), Stationstraining (Stat.)

Tab. 6: Makrozyklusplanung für 30 Wochen = 7 Monate

Mesozyklus	I	II	III	IV	V
Dauer	6 Wochen	6 Wochen	6 Wochen	6 Wochen	6 Wochen
Ziel	Mk	Ht	Ht	Ka	Ka
Einheiten / Woche	4	4	4	3	3
Organisationsform	Split – Stat.	Split – Stat.	Split – Stat.	Gk - Zirkel	Gk - Zirkel
Übungen / Muskel	2	2	2	2	2
Sätze / Übung	2	3	3	3	3
Pause	180 sek	120 sek	150 sek	45 sek	60 sek
Wiederholungen	5	8	12	15	20
Intensität in %	70-90	70-90	70-90	70-90	70-90
Tempo (tut)	1-0-1	2-0-2	2-0-2	2-0-2	2-0-2

Die übergeordnete Trainingsmethode ist die ILB-Methode. Der durchgeführte 5-RM-Test bildet die Referenzgröße zur Ermittlung der Trainingsintensitäten (Eifler, 2013), da hier das tatsächliche maximale Gewicht für 5 Wiederholungen eruiert wurde. Neben der Krafttestung ist auch das Trainingsalter ein wichtiger Faktor zur Bestimmung der Intensitäten, die Person befindet sich in der Stufe ‚Fortgeschrittener'.

Tab. 7: Grobraster zur Trainingsplanung nach der ILB-Methode, modifiziert nach Strack & Eifler (2005, S. 153)

Leistungsstufe	Zeitstufe (Monate)	Orga.- form	Einheiten / Woche	Übungen / Muskel	Sätze / Übung	Intensität in % ILB
Orientierung	0-1,5	Gk	2	1-2	1-2	gering
Beginner	15,-6	Gk	2	1-2	1-2	50-70
Geübter	6-12	Gk	2-3	1-2	2	60-80
Fortgeschrittener	>12	Gk/Split	3-4	1-3	2-3	70-90
Leistungstrainie-render	>36	Gk/Split	3-4	1-4	2-4	80-100

Die gewählten Wiederholungszahlen richten sich nach Eiflers Empfehlungen (2013, S. 72), die Belastungsdauer, bzw. die Satzdauer und die Pausenzeiten orientieren sich an den Erkenntnissen von Güllich & Schmidtbleicher (1999, S. 223-234):

-   Maximalkrafttraining: 5-8 Wiederholungen, < 15 sek, Pause mind. 3 min
-   Hypertrophietraining: 8-15 Wiederholungen, 20-50 sek, Pause mind. 2 min
-   Kraftausdauertraining: 15-30 Wiederholungen, 50-120 sek, Pause max. 1 min

Die „time-under-tension" (tut) ist so anzupassen, dass die Wiederholungen in den angegebenen Zeiträumen zu absolvieren sind. Neben den Faktoren Intensität und Wiederholungszahl pro Übung ist auch die Belastungshäufigkeit eine entscheidende Größe in der Trainingsplanung. Unter Beachtung des zeitlichen Verfügungsrahmens, dem Grobraster zur Trainingsplanung nach der ILB-Methode (vgl. Tab. 7) und den Erkenntnissen von Fröhlich und Schmidtbleicher (2008) sind 3 bis 4 Trainingseinheiten pro Woche optimal. Laut Phillips, Tipton, Aarsland, Wolf & Wolfe (1997) muss jede Muskelgruppe mindestens 2 Mal pro Woche angesprochen werden, um optimale Trainingserfolge zu erreichen. Um dem gerecht zu werden, wird zu Beginn ein Split-Stations-Training genutzt. Dies bietet den Vorteil, dass es während der Maximalkraft- und Hypertrophiephase zu einer stärkeren Muskelermüdung kommt. In der Kraftausdauerphase, in der auch der Fettstoffwechsel angeregt werden soll, wird das Training als Ganzkörper-Zirkel-Training mit kurzen Pausen absolviert. So werden mehr Muskelgruppen pro Training beansprucht und der Puls wird gleichmäßig hochgehalten. Außerdem ist bei hohen Wiederholungszahlen auch der Zeitfaktor entscheidend, da die Belastungsdauer länger ist. Um die nötige Regenerationszeit nicht zu unterschreiten und dem Prinzip der optimalen Relation zwischen Belastung und Erholung Folge zu leisten, werden nur noch 3 Einheiten pro Woche durchgeführt. Die Zahl der Sätze pro Muskelgruppe ist stark von der Trainingsintensität und dem Leistungszustand der Person abhängig. Um eine optimale Kraftsteigerung zu erreichen wird die muskuläre Ausbelastung empfohlen (Fry, 2004), die jedoch im Gesundheitssport kritisch gesehen wird (Buskies, 1999). Die angewandte ILB-Methode gibt hier den Mittelweg von 70-90% des X-RM vor, somit befindet sich der Trainierende kurz vor der muskulären Ausbelastung um einen möglichst großen Kraftzuwachs bei Vermeidung der negativen Einflüsse der kompletten muskulären Ausbelastung zu erreichen, wie unter anderem erhöhte Verletzungsgefahr oder überproportionale Cortisolkonzentration, welche katabol wirkt (Ahtiainen, Pakarinen, Kraemer, & Häkkinen, 2003). Bei diesen Trainingsintensitäten sind 2 – 3 Sätze pro Übung optimal (vgl. Tab. 7). Eine wellenförmige Periodisierung, in der die Wiederholungszahl im Laufe der Mesozyklen steigt mit ansteigenden Intensitäten innerhalb der Mesozyklen ist hier vor allem für die Ziele Kraftzuwachs und Körperfettreduktion von Bedeutung. Bei Beginn von Mesozyklus I ist die Person schon an Belastungen gewöhnt (vgl. Tab. 1), eine Maximalkraftphase ist entsprechend ihrem Trainingsalter angebracht, auch um dem Prinzip der variierenden Belastung zu entsprechen. Auch die neuronale Ansteuerung, also die Rekrutierung, Frequenzierung und Synchronisation wird hier gefördert, um diese Verbesserung im weiteren Trainingsverlauf nutzen zu können. Mesozyklus II und III konzentrieren sich vor allem auf die Muskelhypertrophie und den Kraftzuwachs als wichtiges Ziel. Hier wird gemäß dem Prinzip der progressiven Belastungssteuerung von einem intensiven zu einem extensiven Training geführt, auch um den Bewegungsapparat auf die nachfolgende Kraftausdauerphase mit hoher Wiederholungszahl vorzubereiten. In den letzten 12 Wochen erfolgen die Mesozyklen IV und V mit Kraftausdauereinheiten. Durch ein leichtes Kaloriendefizit zur Fettabnahme kann der Körper nur noch sehr bedingt Muskeln aufbauen, durch hohe Wiederholungszahlen und längere Trainingseinheiten werden während des Trainings mehr Kalorien verbrannt werden und der Grundumsatz ist durch das Hypertrophietraining gestiegen.

4. Trainingsplanung Mesozyklus

Tab. 8: Trainingsplanung Mesozyklus I

Zyklusdauer	6 Wochen
Trainingsziel	Maximalkraft
Einheiten pro Woche	4, Split 1 und Split 2 im Wechsel
Organisationsform	2er-Split im Stationstraining
Übungen pro Muskelgruppe	2
Sätze pro Übung	2
Pausenzeiten	180 sek / 3 min
Wiederholungen pro Satz	5
Intensität	Woche 1: 70% von 5-RM Woche 2: 75% von 5-RM Woche 3: 80% von 5-RM Woche 4: 85% von 5-RM Woche 5+6: 90% von 5-RM
Tempo (tut)	1-0-1

Tab. 9: Übungsauswahl Mesozyklus I

Übungen	Gewicht in kg				
	W1	W2	W3	W4	W5+6
Split 1 - Oberkörper					
Langhantelbankdrücken	35	37,5	40	42,5	45
Zug vertikal weit zur Brust (OG)	42	45	48	51	55
Fliegende im Stehen am Kabelzug	15,5	16,5	17,5	19	20
Kurzhantelrudern	10	11	12	13	13,5
Rumpfbeugen am Kabelzug	21	22,5	24	25,5	27
Rumpfseitbeugen am Kabelzug	12	13	13,5	14,5	15
Langhantelrudern aufrecht (Powerzug)	25	27,5	30	32,5	35
Schulterdrücken an der Maschine	30	33	35	37	40
Kurzhantelarmbeugen einseitig	8,5	9	10	10,5	11
Armstrecken Kurzhantel über Kopf einseitig	5,5	6	6,5	7	7,5
Split 2 - Unterkörper					
Kniebeuge	50	52,5	55	60	62,5
Ausfallschritt-Kniebeuge mit Kurzhanteln	12,5	13,5	14,5	15,5	16
Beinheben im Stütz	-	-	-	-	-
Hüftabduktion stehend am Kabelzug	14	15	16	17	18
Hüftadduktion stehend am Kabelzug	17,5	19	20	21	22,5
Hüftbeugen stehend am Hüftpendel	42	45	48	51	54
Beinbeugen liegend	28	30	32	34	36
Hüftabduktion sitzend an der Maschine	35	38,5	40	42,5	45
Hüftadduktion sitzend an der Maschine	42	45	48	51	54
Wadenheben stehend an der Multipresse	21	22,5	24	25,5	27

Die Übungsauswahl ist neben der Trainingsplanung ein entscheidender Aspekt im Krafttraining. Es kann zwischen Übungen an geführten Maschinen, an Seilzügen, mit freien Gewichten, funktionsgymnastischen Übungen sowie ein- oder mehrgelenkigen Übungen differenziert werden. Jede dieser Formen hat Vor- und Nachteile, auf Basis des Gesundheitszustandes und der Zielsetzung können diese Vorzüge genutzt werden. Die hier beschriebene Person weist keine Einschränkungen in Bewegung oder Kraft auf, deshalb wird die Übungsauswahl vor allem zielgerichtet getroffen. Insgesamt (Split 1+2) sind 7 Übungen an Freihanteln, 7 an geführten Maschinen, 5 an Seilzügen und nur eine funktionsgymnastische Übung mit Geräteunterstützung vorgesehen, da diese oftmals keinen ausreichenden Trainingsreiz zur Hypertrophie setzen (Konrad, 2000). Die Verteilung von Freihantel-, Maschinen- und Seilzugübungen ist ausgeglichen, um alle

10

positiven Effekte zu nutzen und keine Defizite zu erzeugen. Außerdem wurden ähnlich gleiche Anteile von mehr- und eingelenkigen Übungen gewählt, um auch hier von beiden Formen zu profitieren.

Die Vorteile von Freihantelübungen sind vielfältig, vor allem die Stabilisierungsarbeit, die geleistet werden muss, ist ein gutes Autostabilisationstraining. Die intermuskuläre Koordination wird dadurch gesteigert und es sind mehrdimensionale Bewegungsmuster möglich. Des Weiteren ist eine höhere Kraftsteigerung zu erwarten, als beim Training an geführten Maschinen (Stone, Collins, Plisk, Haff, & Stone, 2000) und die Bewegungsmuster sind besser auf alltags- und berufsspezifische Belastungen zu transferieren (Hois & Ziegner, 2006). Die Nachteile sind vor allem für Anfänger problematisch; koordinativ anspruchsvolle Bewegungen sind schwerer erlernbar, weshalb die Fehlerquote und die Verletzungsgefahr deutlich höher ist als bei geführten Übungen. Auch die Wirkungsrichtung der Last folgt der Schwerkraft senkrecht nach unten, eine Varianz diesbezüglich ist kaum möglich. Diese Nachteile kann das Maschinentraining ausgleichen. Ein leichter Trainingseinstieg für Anfänger durch schnell zu erlernende Bewegungsausführungen, die sehr geringe Verletzungsgefahr durch die vorgegebene Ausführung und die Möglichkeit der Bewegungslimitierung, sowie die Vorzüge der Exzentertechnik (Hay, 1994, S. 207) und dem einfach zu realisierenden isolierten Training. Die Nachteile des Maschinentrainings entsprechen so unter anderem den Vorteilen des Freihanteltrainings. Hinzu kommt noch die Möglichkeit der Übungen an Seilzügen. Insbesondere die Beeinflussung des äußeren Drehmoments ist hier der größte Vorteil. Je nach Austrittspunkt variiert dieser, somit kann man die Wirkungsrichtung der Gewichtslast räumlich frei gestalten (Weber & Hellhake, 2004, S. 4), was vor allem im rehabilitativen Kraftsport von großer Bedeutung ist, da endgradige maximale Belastungen vermeidbar sind (Weber & Hellhake, 2004, S. 8). Ein weiterer Vorteil ist die feine Gewichtsabstufungen aufgrund des Flaschenzugprinzips, allerdings ist der Transfer der Bewegungsabläufe auf den Alltag des Trainierenden tendenziell geringer. Für die allgemeine Kraftsteigerung und die Vorbeugung von Rückenschmerzen ist in diesem Fall eine ausgeglichene Gewichtung der Übungen wichtig, da der Fokus auf einer ganzheitlichen Stärkung liegt. Die Übungsreihenfolge wurde unter Beachtung von 4 Aspekten festgelegt. Unter dem Aspekt der Komplexität versteht man den Grundsatz, dass mehrgelenkige Übungen vor eingelenkigen geplant werden. Das zentrale Ziel ist dabei, die Vorermüdung von Synergisten zu vermeiden (Bompa & Carrera, 2005). Der Aspekt des Muskelmasseanteils entspricht der Empfehlung, Übungen mit großem Muskelmasseanteil zu Beginn der Trainingseinheit durchzuführen. Die höhere Testosteronausschüttung begünstigt die Hypertrophie und kann somit auch bei nachfolgenden Übungen mit kleineren Muskelmasseanteilen genutzt werden. Koordinativ schwierige vor weniger schwierigen Übungen entspricht dem Aspekt des koordinativen Anspruchs. Die Ermüdung auf neuronaler Ebene und die sinkende Konzentrationsfähigkeit haben negativen Einfluss auf die Übungsausführung, weshalb die Übungen mit dem technisch-koordinativen höchsten Anspruch zu Beginn gestellt werden sollten. Zuletzt ist der Aspekt der Priorität nicht zu vergessen. Bei Trainingseinheiten mit starker Prioritätensetzung auf einzelne Muskelgruppen sollten diese eher am Anfang trainiert werden. Grund hierfür ist die Leistungsfähigkeit auf zentralnervöser und muskulärer Ebene.

Unter Beachtung dieser Gesichtspunkte wurde im Split 1 als erste Übung das Langhantelbankdrücken gewählt. Im Oberkörper bildet der hier angesprochene Brustmuskel einen der größten Muskeln und es ist die koordinativ anspruchsvollste Übung, da mit freien Gewichten gearbeitet wird und eine ausreichende Autostabilisation gefordert wird. Dazu ist das Langhantelbankdrücken eine mehrgelenkige Übung mit zahlreichen Synergisten, wie auch der nachfolgende Zug vertikal zur Brust. Trainiert wird bei dieser zweiten Übung vor allem der Rücken, sowie Arme und Schultern. Aufgrund des großen Muskelmasseanteils und der Priorität der Rückenstärkung ist diese Übung, trotz geringerem Koordinationsanspruch weit vorne im Trainingsplan angesiedelt. Als dritte Übung sind Fliegende im Stehen am Seilzug geplant. Um eine Varianz im Trainingsplan zu erhalten, kommt nach einer Freihantel- sowie Maschinenübung nun der Seilzug zum Tragen. Wiederholt wird die Brustmuskulatur beansprucht, womit die geplanten 2 Sätze pro Muskelgruppe im Brustbereich erreicht sind. Außerdem wirkt an dieser Seilzugübung die Gewichtslast von der Seite, wodurch die Brustmuskulatur einer differenzierten Lastrichtung ausgesetzt wird als zum Beispiel bei Fliegenden auf der Schrägbank mit Kurzhanteln. Als vierte Übung ist Kurzhantelrudern vorgesehen. Eine große Bewegungsamplitude zu beiden Seiten und die senkrechte Gewichtslast stellen hier die Ergänzung zum Zug vertikal dar. Als nächste Übungen sind das Rumpfbeugen und anschließend das Rumpfseitbeugen am Seilzug festgelegt. Koordinativ sind diese Übungen anspruchsvoll, weshalb sie direkt nach den Übungen mit den größten Muskelmasseanteilen durchzuführen sind, zudem ist eine starke Rumpfmuskulatur eine der Hauptvoraussetzungen für die Kraftentwicklung in den Extremitäten (Bompa & Carrera, 2005).

Gerade im Hinblick auf die bestehenden Rückenbeschwerden ist eine gute Konzentrationsfähigkeit für diese Übungen wichtig. Das aufrechte Langhantelrudern bildet die Überleitung zum Training der kleineren Muskelgruppen. Hier wird die Schultermuskulatur mit einer Freihantel trainiert, als zweite Übung für die diesen Bereich ist Schulterdrücken an der Maschine vorgesehen. Gegen Ende der Trainingseinheit ist es sinnvoll, die Übungen mit schwerem Gewicht an geführten Maschinen durchzuführen, um die Verletzungsgefahr gering zu halten. Als Trainingsabschluss ist Kurzhantelarmbeugen einseitig und Kurzhantelarmstrecken über Kopf einseitig geplant. Diese zwei Übungen haben den kleinsten Muskelmasseanteil und durch die eingelenkige Ausführung mit vergleichsweise niedrigem Gewicht sind sie nach dem Aspekt der Komplexität optimal als Trainingsabschluss.

Split 2 ist ähnlich aufgebaut. Die Kniebeuge mit der Langhantel und die Ausfallschrittkniebeuge mit Kurzhanteln sprechen vor allem die Gesäß- und die Oberschenkelmuskulatur an. Dies entspricht dem größten Muskelmasseanteil und durch die technisch anspruchsvolle Bewegungsausführung ist eine hohe Konzentrationsleistung unerlässlich. Durch die Freihantelübungen ist auch die Autostabilisation gefordert sowie die Rückenstreckmuskulatur, optimal hinsichtlich der bestehenden Zielsetzung. Um diese Vorteile bezüglich der Stabilisation nicht ungenutzt zu lassen, wird die Ausführung an der Multipresse oder an Maschinen vermieden. Beinheben im Stütz ist die einzige im Ansatz funktionsgymnastische Übung. Ohne Zusatzlast wird die Hüftbeugemuskulatur trainiert und durch den hohen koordinativen Anspruch ist diese Übung in der ersten Hälfte der Einheit durchzuführen. Als 4. und 5. Übung ist die Hüftabduktion und -adduktion stehend am Kabelzug vorgesehen. Vorrangiger Grund für die Durchführung am Kabelzug ist der variable Lastaustritt. Aufgrund des hohen Anspruchs an die Stabilisation im gesamten Körper ist diese Übung vor dem stehenden Hüftbeugen am Hüftpendel zu wählen. Diese eingelenkige Übung ist mit dem darauffolgenden Beinbeugen liegend an der Maschine weitaus weniger anspruchsvoll in der Ausführung, weshalb sie in der zweiten Hälfte des Trainings vorgesehen sind. Um die Hüftabduktion und -adduktion mehr als einmal in einer Einheit zu trainieren, werden diese beiden Übungen gegen Ende an der Maschine durchgeführt. Abschließend wird die Wadenmuskulatur als kleinste Muskelgruppe an der Multipresse trainiert. Da die Waden schon in der Kniebeuge und in der Ausfallschrittkniebeuge beansprucht werden, genügt hier eine isolierte Übung. Der kleine Bewegungsradius, sowie die niedrige Komplexität dieser Übung sind die Hauptgründe, das Wadenheben als Abschluss des Unterkörpertrainings durchzuführen.

5. Literaturrecherche

Um die Effekte von Krafttraining auf Osteoporose zu verdeutlichen, werden die Ergebnisse zweier Studien miteinander verglichen.

Tab. 10: Effekte von Krafttraining auf Osteoporose

Studie I: Größere vertebrale Knochenmineralmasse bei trainierenden jungen Männern (Block, Genant, & Black, 1986)	Studie II: Die Knochenmineraldichte bei weiblichen Athletinnen mit unterschiedlichen Belastungseigenschaften auf das Skelett (Heinonen, et al., 1995)
Durchführende Personen und Institutionen	
Durchgeführt von der Abteilung für Radiologie der Universität Kalifornien, San Francisco (Dr. Block und Dr. Genant) in Kooperation mit dem Programm für klinische Epidemiologie des San Francisco General Hospital Medical Center (Mr. Black), publiziert 1986.	Durchgeführt vom UKK Institute for Health Promotion Research in Tampere, Finnland unter der Leitung von A. Heinonen, publiziert 1995.
Versuchspersonen	
Es wurden 2 Gruppen zusammengestellt: die 1. Gruppe bestand aus 28 Männern, welche seit mindestens 2 Jahren körperlich anstrengende Sportprogramme absolvierten, in der 2. Gruppe, der Kontrollgruppe, befanden sich 18 Männer, welche sich noch nie sportlich betätigt hatten. Insgesamt wurde darauf geachtet, die Gruppen möglichst im gleichen Alter und dem selben Gewicht zusammenzustellen.	59 finnische Leistungssportlerinnen (davon 27 Tänzerinnen, 18 Squashspielerinnen und 14 Eisschnellläuferinnen) aus verschiedenen Sportarten wurden mit 2 Kontrollgruppen verglichen, C1 waren sehr aktive Freizeitsportler mit bis zu 5 Ausdauertrainingseinheiten pro Woche und C2 waren Freizeitsportler mit bis zu 2 Einheiten, beide Kontrollgruppen betätigten sich in Sportarten ohne Belastungsspitzen auf den Bewegungsapparat.

Versuchsaufbau

Es wurde von allen Versuchspersonen mithilfe eines CT (Computertomographie) die trabekuläre und die integrale Knochendichte von L1 und L2 in der Wirbelsäule gemessen und verglichen.

Bei allen Versuchspersonen wurde die Knochendichte an der Lendenwirbelsäule, Patella und Ferse, sowie am Femur, Schienbein und Unterarm gemessen.

Ergebnisse

Im Vergleich ist die trabekuläre Knochendichte bei den Sportlern mit 184,02mg/cm³ um 14% höher als bei der Kontrollgruppe mit 161,34mg/cm³. Auch die integrale Knochendichte von L1 und L2 unterscheidet sich um 11%, bei den Aktiven betrug diese 41,6g im Gegensatz zu 37,5g. Auch der Vergleich innerhalb der 3 Sportlergruppen lieferte Unterschiede in der Knochendichte: Die Ausdauersportler haben eine um 5% geringere trabekuläre Knochendichte als die Kraftsportler, welche wiederum 8% hinter den Sportlern liegen, welche beide Belastungsarten kombinieren. Bezogen auf die Behandlung und die Prävention von Osteoporose lässt sich schlussfolgern, dass körperliche Inaktivität das Krankheitsrisiko erhöht, Belastung des Bewegungsapparates zur Stärkung der Knochen beiträgt und somit den biologisch vorgegebenen Knochenabbau verlangsamt. Über das genaue Ausmaß dieser Verzögerung kann jedoch mithilfe der Studie von Block, Genant & Black keine Aussage getroffen werden.

Der Vergleich der Sportlerinnen und den Kontrollgruppen zeigte sich eine je nach Knochen um 5,3% bis 18,5% höhere Knochendichte. Die beiden Freizeitsportgruppen unterschieden sich innerhalb kaum. Bei den unterschiedlichen Sportarten der finnischen Athletinnen gab es jedoch deutliche Unterschiede. Die höchste Knochendichte weisen die Squashspielerinnen auf, welche in ihrer Sportart auch den höchsten Belastungen auf das Skelett innerhalb der drei Sportarten standhalten. Mit 13,8% bis 18,5% höherer Knochendichte als die Kontrollgruppen liegen sie damit weit vor den Tänzerinnen und Eisschnellläuferinnen, welche zwischen 5,3% und 13,5% Abstand zu den Kontrollgruppen haben. Die Knochendichte lässt sich also durch hohe Belastungen auf den Knochen, wie zum Beispiel Training mit Gewichten beeinflussen. Dies hat damit positive Auswirkungen auf den natürlichen Abbau von Knochenmasse und Krankheiten wie Osteoporose.

6. Literaturverzeichnis

Ahtiainen, J. P., Pakarinen, A., Kraemer, W. J., & Häkkinen, K. (2003). Acute hormonal and neuromuscular responses and recovery to forced vs maximum repetitions multiple resistance exercise. *International Journal of Sports Medicine, 24*(6), S. 410-418.

Block, J., Genant, H., & Black, D. (Juli 1986). Greater vertebral bone mineral mass in exercising young men. *The Western Journal Of Medicine*, S. 39-42.

Bompa, T. O., & Carrera, M. C. (2005). *Periodization training for sports. Science-based strenght and conditioning plans for 20 sports* (2. Ausg.). Champaign, IL: Human Kinetics.

Buskies, W. (1999). Sanftes Krafttraining nach dem subjektiven Belastungsempfinden versus Training bis zur muskulären Ausbelastung. *Deutsche Zeitschrift für Sportmedizin, 50*(10), S. 316-320.

Buskies, W., & Boeckh-Behrens, W.-U. (2000). *Fitness-Krafttraining. Die besten Übungen und Methoden für Sport und Gesundheit.* Reinbek bei Hamburg: Rowohlt Taschenbuch Verlag GmbH.

Eifler, C. (2013). *Empirische Überprüfung der Effekte verschiedener Ansätze zur Intensitätssteuerung im fitnessorientierten Krafttraining.* Saarbrücken: Dissertation, Universität des Saarlandes.

Fröhlich, M., & Schmidtbleicher, D. (2008). Trainingshäufigkeit im Krafttraining - ein metaanalytischer Zugang. *Deutsche Zeitschrift für Sportmedizin, 59*, S. 4-12.

Fry, A. C. (2004). The role of resistance exercise intensity on muscle fibre adaptions. *Sports Medicine, 34*(10), S. 663-679.

Gallagher, D., Heymsfield, S. B., Heo, M., Jebb, S. A., Murgatroyd, P. R., & Sakamoto, Y. (September 2000). Healthy percentage body fat ranges: an approach for developing guidelines based on body mass index. *The American Journal of Clinical Nutrition*, S. 694-701.

Güllich, A., & Schmidtbleicher, D. (1999). Struktur der Kraftfähigkeiten und ihrer Trainingsmethoden. *Deutsche Zeitschrift für Sportmedizin, 50*(7/8), S. 223-234.

Gutenbrunner, C. (1990). *Muskeltraining und Muskelüberlastung.* Köln: Schmidt.

Hay, J. G. (1994). Biomechanische Grundlagen der Kraftentwicklung. In P. V. Komi (Hrsg.), *Kraft und Schnellkraft im Sport* (S. 200-209). Köln: Deutscher Ärzte-Verlag.

Heinonen, A., Oja, P., Kannus, P., Sievänen, H., Haapasalo, H., Mänttäri, A., & Vuori, I. (September 1995). Bone mineral density in female athletes representing sports with different loading characteristics of the skeleton. *The Bone Journal*, S. 197-203.

Hois, G., & Ziegner, A. (2006). Grundlagen des mehrgelenkigen Trainings in Theorie und Praxis. *Bewegungstherapie und Gesundheitssport, 22*, S. 18-25.

König, D., Deibert, P., Dickhhut, H.-H., & Berg, A. (Januar 2011). Krafttraining bei Diabetes mellitus Typ 2. *Deutsche Zeitschrift für Sportmedizin*, S. 5-9.

Konrad, P. (2000). Experimentell abgesicherte Traininshinweise zur Haltungskoordination und zu ausgewählten Kräfigungsübungen der Rumpfmuskulatur. *Die Säule, 3*, S. 12-19.

Mancia, G., Fagard, R., Narkiewicz, K., Redón, J., Zanchetti, A., & Böhm, M. (2013). Guidelines for the management of arterial hypertension. The task force for the management of arterial hypertension of the European Society of Hypertension (ESH) of the European Society of Cardiology (ESC). *Journal of Hypertension, 31*, S. 1281-1357.

Marschall, F., & Fröhlich, M. (1999). Überprüfung des Zusammenhangs von Maximalkraft und maximaler Wiederholungszahl bei deduzierten submaximalen Intensitäten. *Deutsche Zeitschrift für Sportmedizin 50 (10)*, S. 311-315.

Phillips, S. M., Tipton, K. D., Aarsland, A., Wolf, S. E., & Wolfe, R. R. (1997). Mixed muscle protein synthesis and breakdown after resistance exercise in humans. *American Journal of Physiology, 273*, S. 99-107.

Stone, M. H., Collins, D., Plisk, S., Haff, G. G., & Stone, M. E. (2000). Training principles: evaluation of modes and methods of resistance training. *Strength and Conditioning Journal, 22*(3), S. 65-76.

Strack, A., & Eifler, C. (2005). *The individual lifting performance method (ILP). A practical method for for fitness- and recreational strength training. In J. Gießing, M. Fröhlich & P. Preuss (Hrsg.), Current results of strength training research (S. 153-163)*. Göttingen: Cuvillier.

Weber, R., & Hellhake, S. (2004). *Seilzuggeräte optimal nutzen.* Bad Krozingen: Frei AG.

Zimmer, M. (1999). *Entwicklung und Erprobung eines Mehrwiederholungstests zur Erfassung der Kraftleistung im Fitnesstraining.* Saarbrücken: Diplomarbeit, Universität des Saarlandes.

7. Tabellenverzeichnis